Originalausgabe

*© 2022 by Mathias Bellmann. Das Werk einschließlich aller Inhalte ist
urheberrechtlich geschützt. Alle Rechte vorbehalten.*

*Herstellung und Verlag: BoD - Books on Demand, Norderstedt
ISBN: 978-3-7568-5719-7*

Odinslyrik

Diese Gedichte sind eine Brücke der Visualisierung. Lies die Gedichte und öffne deine inneren Tore, die dich in Odins Welt führen. Nutze diese Gedichte, um nach Asgard zu gelangen. Asgard will dir ein sicheres Zuhause bieten. Asgard will dir Schutz geben. Asgard will dir dein Schicksal offenbaren. Diese Gedichte sind dein Tor nach Asgard!

Allvater

Des Woden Augen glühen rot.
Ein Feuersturm zieht übers Land.
Die Menschen leben in Not.
Riesen töten sie per Hand.

Des Woden Rachen schreit.
Die Riesen wollen fliehen.
Denn der Allvater ist kampfbereit
Und würde sie besiegen.

Die Schäden sind groß,
Die die Riesen schlugen.
Noch lange währt die Not.
Zu viele Menschenkinder
Wurden erschlagen.

Nornen

Oh, einer dreifachen Herrin gleich.
Hinter allem stehen die Drei
Und wachen über die Zeit.

Odin suchte und kam an ihren Grund.
Sie gaben ihm, was kein Gott
Ihm konnte geben.

Odin fand das Geheimnis,
Das ihm erst die Nornen offenbarten.
Es war die Quelle als seiner
Kommenden Heldentaten.

Oh, einer dreifachen Macht gleich
fließt die Zeit.

Jörmungandr

Starr starrt er in die Schlacht.
Es tobt, was zu toben geboren.

Die Schlange erscheint am Horizont.
Mag der Hammer nicht standhalten.
Mag der Speer bersten.
Mag der Schild brechen.
Der Mut wird ihn tragen,
Bis zum letzten Atemzug.

Weit gespreizt ist ihr Rachen.
Mit wahnsinnigem Lachen
Stürmt er gegen die Weltenschlange an.
Es wird sein Leben kosten,
Aber selbst im Angesicht des Endes
Wird seine Tapferkeit nicht rosten
Und er sich niemals abwenden.

Asen

Warum solltest du dem Woden folgen?
Warum solltest du Thor im Herzen tragen?

Mut in den dunklen Stunden.
Weisheit, die dich leitet
An den nebligen Tagen.
Freunde, die dich unterstützen,
wenn du des Schutzes bedarfst.

Denn mit den Asen zu gehen,
heißt mit Mut zu leben.
Denn die Asen zu ehren,
heißt nach Weisheit zu streben.
Denn der Asen Namen zu rufen,
Wird dir treue Freunde bescheren.

Donnerer

Die Wolken am Horizont verkündeten ein Unwetter. Es grollte schon. Bald würden Donner und Blitze das Land heimsuchen. Es war Zeit für den Schamanen seine Trommel zu schwingen. Das Blätterdach der Hütte war geflickt und die Äste standen stabil. Da grollte schon der erste Donner nieder. Es war Zeit dem Donnergott Beistand zu geben. Er schlug im rhythmischen Klang. Da schon rasselte es. Die Kinder des Dorfes waren gekommen. Denn auch sie wollten dem Donnergott gedenken und seiner Trommel ihre magischen Kräfte leihen. Der Regen begann. Die Blitze zuckten. Der Donner schüttelte die Welt kräftig. Sie saßen gebannt und lauschten den Trommelschlägen. In jedem davon konnten sie Donar spüren. Es war, als ob sie mit ihm gegen die Riesen kämpften.

Folkvangr

Ein alter Streit ist beigelegt. Neben der Odinsburg entsteht ein neuer Hort. Sessrumnir sprießt und Folkvangr hat eine neue Herrin. Sie kamen nach Asgard, um sich die Hand zu reichen. Denn niemals wieder soll die Freundschaft zwischen Asen und Wanen weichen. Nehmt euch das zum Bilde Menschenkinder. Selbst die Göttlichen überwinden Feindseligkeiten und können sich die Hände reichen. Macht es ihnen nach und gebt die Hand dem Mann, den ihr aufs Blut befehden wollt.

Samen

Der Vater Ehre sind seine Söhne. Oh die Welt kennt des Odins Söhne viele. Thor und Baldur sind nur die Bekanntesten. Vali und Vidar stehen bereit in Ehren zu fechten. Zum Ruhme Odins werden sie in Ragnarök kämpfen. Wie viele mehr zeugte der einäugige Wandersmann im blaugrauen Gewand auf seinen Reisen? Wie viele Frauen hat er beglückt und sie mit seinem besten Stück beschenkt, damit der Segen eines Kindes der ihre ward? Wie viele Söhnen waren, sind und werden sein, die Odins Samen entsprangen?

Ehre

Der Einherjer sah ich viele. Sie gingen nach Valhalla und Sessrumnir. Aber Einlass erhielten nur die edlen Krieger und heiligen Walküren. Denn Odin und Freya nahmen nur die auf, die voll Ehre waren und voll tapferer Heldentaten. Ehrenlose Krieger landeten tiefer. Denn der Krieger Ehre unterschied ihn von einem Räuber und ruchlosen Mörder. Ehre war dem Mensch, der für die Schwachen kämpfte. Ehre war dem, der sein Leben für andere hingab. Ehre war dem, der für sein Volk Opfer erbrachte. Ehre war dem, der mutig in den Kampf zog, statt feige zu fliehen, während Alte und Kranke zurück blieben. Ehre war dem, der das Gute und die Gerechtigkeit der Gleichheit aller Wesen mit seinem Blute verteidigte.

Frigg

Er sah in einer großen, goldenen Halle die Mutter sitzen. Sie saß auf einem Thron aus Liebe. Wenn Männer sie sahen, versiegten ihre Triebe, aber es erwachte das Kind in ihnen.

Das Kind in jedem Mann macht ihn stark oder schwach. Der Schmerz des alten Leids gräbt ein tiefes Loch voll Dunkelheit. Doch die Muttergöttin heilt das kindliche Herz und verwandelt allen Schmerz in nährende Mutterliebe.

So sahen die stärksten Krieger und mächtigsten Kriegsherrn zu Mutter Frigg auf und ihre weinenden Kinderherzen heilten und sie konnten die Wahrheit ihres Herzens ohne Schmerzen leben.

Mysteriumsrune

...und er saß am Kessel und der Zeitstrom kochte.

...und er saß bei den drei Nornen und bat um Einsicht.

...und er hing am Baume und gab fast sein Leben hin.

...und er opferte sein Auge.

...und er erlangte die Einsicht, die tiefer und höher ist.

...und er sah mehr, als Augen sehen konnten.

...und er verstand die Runen und lehrte sie den Menschen.

Der Wandersmann

Er wanderte durch die Menschenwelt und klopfte an viele Türen. Er kam zu der alten Hütte des alten Mütterchens. Sie ließ ihn herein und klagte ihm ihr Leid. Wie einsam sie sei, dann das Kind war in die Ferne gegangen und hatte sie allein zurück gelassen. Er nahm sie in den Arm und es wurde ihr warm. Er wanderte durch die Menschenwelt und klopfte an viele Türen. Er kam zu einem Waisenhaus. Es stand am Rand des Slums. Es war kaum ein Haus, mehr ein Verschlag aus zwei Etagen. Er blieb für ein paar Wochen, denn er sagte, er wer ein Wandersmann, der das Handwerk beherrschte. Also baute und zimmerte er und die Kinder staunten sehr. Am Ende entstand das Waisenhaus im neuen Glanz. Er wanderte durch die Menschenwelt und klopfte an viele Türen. Hugin und Munin flogen und sie kamen zu einem schicken Krankenhaus. Es stand in einer Millionen Stadt. Er ging die Flure entlang. Es roch sehr reich. Im Hausmeister-Kittel schwang er den Mop. Er wischte ein Zimmer, aber es schluchzte bitter ein Mann mit Halbglatze. Was er denn hätte, fragte der einäugige Hausmeister. Verzweifelt sei er, denn all sein Leben hatte er der Börse gegeben. Nun war der vierte Herzinfarkt da und er unheilbar krank. Der Stress hatte ihn aufgefressen. Er wandert durch die Menschenwelt und klopft an viele Türen. Seine Raben fliegen hoch oben, um nach dir zu schauen. Er wird dich finden, sei also guten Gewissens, denn er wird sich deine Geschichten anhören.

Dunkle Schwingen

Dunkle Schwingen zogen über den Horizont. Den Nordischen waren sie als Hugin und Munin bekannt. Sie flogen durch die Welten. Auch bei dir schauen sie vorbei. Dunkle Schwingen flogen am Horizont. Sie waren Odins Name und Gedächtnis. Sie kündeten ihm vom Geschehen in den Welten. Sie waren sein Auge und sein Ohr. Dunkle Schwingen konnten den Horizont durchqueren bis zur Regenbogenbrücke Heimdallrs. Ihr Flügelschlag entfachte Stürme, aber sie waren weise Wesen. Wenn sie ein Nordlandkind sahen, in dem das Schicksal mächtig war, dann ließen sie sich in seiner Nähe nieder. Die dunklen Schwingen aasten wie die sterblichen Raben. Kein Sterblicher konnte den Unterschied spüren, aber das Schicksalskind nahm ihn wahr. Dunkle Schwingen flogen durch die Welten auf der Suche nach Kunde für den Woden.

Waldheim

Dunkle Trommeln hämmern.
Im Wald schallt ihr Klang
Und nimmt magische Form an.

Das Horn wird geblasen.
Jeder versteht den Sinn,
Der Kampf beginnt.

Heute ist es nur ein Spiel
Der heiligen Sippe,
Damit sie vorbereitet sind,
Falls der Feind erscheint.

Jetzt brennen die Feuer.
Wieder dröhnen die Trommeln
Beim odinschen Festgelage.
Es sind gute Tage.

Männerherzen

O. Der treuen Krieger Herz sieht zum Himmel auf
und wünscht sich eine Frau wie Sigyn.
O. Der tapferen Mannen brennende Glut wähnt sich
vereint mit Freya.
O. Der weisen Männer Glut hat zum Ziele den Hort
der holden Frigg.
O. In dunklen Stunden umgarnen sich die Wackeren
mit Gedanken an Hel.
O. In jungen Stutenstunden trachten sie nach dem
Strahlen Sifs.
O. In alten Tagen wollen sie den Tanz mit Idun
wagen.

Sigyn

Es tropft an einem dunklen Hort. Die Schale fängt nicht jeden Tropfen. Die Erde bebt, wenn er sich quält vor Schmerzen. Sigyn lebt und wacht bei ihm. Seine Qual ist für sie, kaum zu ertragen. Sie liebt ihn immer noch. Sie erträgt mit ihm das dunkle Loch, in das Odin ihn steckte für seine Verbrechen. Er ist gefesselt. Sie ist gefesselt. Er muss dort leben. Sie könnte einfach gehen. Doch sie bleibt bei ihm stehen. Was für eine Frau! Was für eine Liebe! Was für eine Treue! Was für ein Opfer!

Spirituelle Mütter

Göttinnen! Sieh sie! Nimm sie an! Öffne dein Herz für sie!

Sei nicht wie die blinden Buchgläubigen, die nur das Männliche verehren. Sei wie die Heiden alter Zeiten und lass dich auch von den Muttergottheiten leiten!

Kleines Kind schreie und wisse, die Mütter werden dich beschützen. Vertraue ihrem tapferen Mut, denn er führt dich gut. Spüre ihren sanften Atem.

Im Riesenland

Wieder einmal waren Thor und Loki auf Reisen im Riesenland. Doch kein Riese weit und breit ließ sich blicken. Ihre Ausflüge endeten berüchtigt, dass wusste jeder Riese hier. Es begann mit ein paar Krügen Bier und Met und endete damit, dass erschlagene Riesen sich zu Bergen auftürmten.

Sie kamen an eine Schenke. „Gelobt sei Odins Name", rief Thor. „Loben wir lieber meinen Namen", antwortete Loki. Sie betraten die Schenke und schon hagelte es Keulen. Thor lachte. Er zog die Handschuhe an, ließ den Hammer kreisen und schon begann die Keilerei.

Stell dich deinem Schicksal!

Universen sind die Blätter Yggdrasils.
Die Zeit fließt dahin
Und Fäden spinnen Weltgewebe.
An diesem Baum hing
Der große Odin
Und gab sein Auge hin.

Er erlangte Weisheit
Und erlangte Ruhm.
Denn er schaute
Und vertraute
Den Nornen.
Sie gaben ihm,
Was er begehrte
Und so ist er bis heute
Unter den Nordischen,
Als Höchster verehrt.

Wandert!

Wander durch die Wälder.
Streife durch die Steppen.
Erklimme die höchsten Berge
Und durchschwimme das Meer.

Er wird dich sehen.
Er ist der Wandersmann.
Er durchstreifte Welten
Und erklomm Yggdrasil.
Er wird bei dir sein und
Mit dir durch deine
Abenteuer streifen.

Blauer Mantel

Im dunklen Mantel eingehüllt schleicht ein alter
Mann die nebligen Straßen entlang.
Mal wirkt der Mantel blau.
Mal erscheint er grau.

Lang ist sein Bart.
Und er scheint schwach,
Denn er geht am Stock.
Doch Schwäche findest du nicht
Beim zweiten Blick.

Da ist Macht. Da ist Stärke.
Aber vor allem ist da Weisheit
Und ein gigantischer Ozean
An Erfahrung.

Strebt zu Odin!

Während die Faulen straucheln,
Werden die Mutigen triumphieren.
Lebe im Geiste der Asen.
Lass dich von ihrer Kraft leiten.

Odins Wölfe begehren
Nach der Schwachen Leben.
Strebe mit aller Kraft
Und erlange Macht.

In der Asen Namen
Wirst du bewahren
Deine Heimat vor Not
Und gewaltsamen Tod.

Der Durchdringende

In den dunklen Höhlen lodert ein Feuer.
Es brennt heißer als die Sonne der Erde.
Die Söhne Ivaldis haben es gebannt,
Um mit ihm die mächtigsten Waffen
Zu schaffen.

Gungnir kam als schelmischer Witz
In Odins Besitz.
Der närrische Gott trieb sein Spiel,
Aber es war Odins Sieg.

Der Ivaldis Söhne Kunst
Hat sich für den Allvater gelohnt.
Denn Gungnir fliegt
Und verfehlt nie sein Ziel.

Blót

Warum die Asen
wirst du fragen?
Aber welche Idole auf Erden
Solltest du sonst verehren?

Wieso ist Odin toll
und tut, was er soll?
Wie kann Thor siegen
immerzu gegen die Riesen?

Was ist Friggs wahres Sein
als Schützerin des Seins?
Iduns Äpfel geben
Euch ein langes Leben.

Heimdallr bläst das Horn
Und wird zum Feindesdorn.
Baldur verzückt
Jeden Menschen zum Glück.

Loki lacht
voller Schabernack.
Sygin wacht
Bis zur letzten Schlacht.

Tor in die Andernwelt

In der Natur gibt es versteckte Tore. In Wäldern und Feldern findest du verborgene Pfade. Oh nein! Oh nein! Fange nicht gleich wieder an, materiell zu denken. Sie sind da und du kannst sie finden. In dir gibt es eine Kraft, dich mit ihnen zu verbinden und das Tor in die andere Welt zu betreten. So findest du auch den Weg nach Asenheim.

Schritte im Dunklen. Vorsichtiges schreiten im Nebel. Du bist blind; geblendet von der Angst vor dem Unbekannten. Zweifel nicht. Vertrau! Vertrau auf Odin und die Macht seines Namens!

Wildes Land

Schritte in der Natur.
Nach dem wilden, unberührten Strand
Schlugen wir einen Weg ins wilde, unbelebte Land.

Die Bäume ruhen, aber ihr Blätterdach singt.
Wilde Rosen blühen und strahlen.
Odin hätte sie einer Nordfrau geschenkt, um ihr
Herz zu berühren und den Samen eines neuen
Helden in ihren Schoss zu legen.

Gestrüpp kratzt an unseren Waden.
Raben beäugen skeptisch jeden Schritt.
Wir sind für sie Fremde, denn uns umgibt nicht der
Hauch der Magie, der die Natur umschlossen hält.

Die Stadt hat die magische Aura von uns gewaschen.
Aber wir sind hier, um wieder Kinder der Erde zu
werden.

Wode

Dunkle Wolkenberge brennen am Horizont. Der Wode hat das Horn geblasen. Geri und Freki stürmen vorwärts an seinen Flanken. Er selbst sitzt erhobenen Hauptes auf Sleipnir. Gungnir weist vorwärts in die Schlacht. Denn ein Riesenheer steht vor den Toren Asgards.

Hinter Odin wächst das Einherjerheer. Es ächzt hinterher, denn der Wode reitet im vollen Galopp. Andere Götter würden ihr Heer zum Kampfe schicken und aus ihrer Wolkenburg dem Kampfe zuschauen. Aber so ist der Wode nicht. Er wird der Erste im Kampfe sein. Er wird das Meiste geben. Er wird der Letzte sein, der für Midgard kämpft. Er hat geschworen alle Menschen – alle: egal ob groß oder klein, ob hell oder dunkel, egal welches Geschlecht, egal ob sie zu ihm beten oder zu einem anderen Gott, egal ob reich oder arm – zu schützen. Denn des Woden Ziel ist das Glück aller menschlichen Wesen!

Kauft! Sauft! Lacht!

Sie shoppen und sie streben.
Sie feiern und sie leben.
Sie saufen und manchmal
Tun sie sich sogar raufen.

Der Allvater liebt das Nordvolk.
Er freut sich an ihrem Glück.
Es ist ihm kostbarer als Gold.
Er liebt sie wie verrückt.

Der Allvater wacht und schützt,
Aber was hätte all das für einen Nutz,
Wenn der Frieden nicht zu feiern wär'
Mit Speis und Schabernack.

Lebt!

Und wieder ist es das Nordland, das in meinem Herzen schwingt. Lang sind die Jahre, da die Nördlichen ihr Band zu den Ahnen verloren haben. Odin ist unser Erbe. Tyr ist unser Erbe. Genauso sind es Frigg, Freya und Hel. Aber in den drei Reichen verehrten sie den Einen aus dem Buch. Vergesst das Buch und lebt das Leben. In den Sträuchern, auf den Wiesen, in den Feldern; lebt es selbst in den großen Glasbetonburgen und den U-Bahnhöfen. Lebt! Lebt! Ergreift das Leben mit beiden Händen und genießt es, als ob es wirklich keinen Morgen gibt.

Eine Botschaft

Regen schüttelt das Land und wühlt es auf. Noch vor einigen Tagen brannte die Sonne den Boden aus. Die Ernten sterben und noch immer wenden sich die Menschen nicht den alten Fruchtbarkeitsgöttern zu.

Odin sitzt auf seinem hohen Sitz. Er spricht und Geri und Freki haben die Ohren gespitzt. Doch er spricht zu den Raben. Er beauftragt sie, eine Botschaft in die Menschenwelt zu tragen.

Hugin und Munin fliegen mit dunklen, magischen Flügelschlägen. Ihre Botschaft ist klar: Menschen kehrt euch ab vom Glauben an scheinbar heilige Bücher und werdet wieder eins mit dem Land, denn sonst wird die Erde sterben.

Die alten Bünde der Schamanen und Druiden; die alte Schwüre der Waldhexen haben diese Erde lange beschützt. Es ist Zeit, dass sie erneuert werden. Oder wollt ihr im Weltenbrand sterben?

Dänemark

Das Auto fährt durch die dänischen Straßen. Ich blicke aus dem Fenster. Es ist ein Herzland des Nordens. Das Land ist heilig, aber sein Geist gebannt. Viele Männer tragen den Hammer des Donners um den Hals, aber ihr Glauben ist schwach. Denn über den Ländern des Nordens wehen die Fahnen des Kreuzes

Seht die Felder. Spürt die Wälder! Die Magie schläft...

Erweckt sie!
Brecht den Fluch!
Erweckt die Magie,
Lebt endlich mit freien
Herzen und Volksgefühl!

Freyr sei Ehre

Der Zug rast schnell dahin und eines Tages wird die Menschheit zu den Sternen fliegen. Aber nichts was Menschen bauen, wird sein wie Freyrs Schiff Skibladnir. Denn es kann zwischen den Welten schiffen.

Odin und Freyr, viele wissen es nicht, stehen sich näher, als ihr denkt. Sie sind mehr als Freunde. Sie sind sinnverwandte Glaubensbrüder und weise Träumer, die in die Zukunft schauen.

Ihre Freundschaft sei euch Bild. Haltet Freundschaft mit den Fremden. Es wird euch großen Reichtum und tiefe Erkenntnis bringen.

Tagewerk

Dunkle Augen sehen dich!
Wer wird dich schützen,
Wenn sie dich
Vergewaltigen, ausrauben
Und ermorden wollen?

Monster warten
In den dunklen Nächten
Und an den hellen Tagen.

Die Asen
Fordern dich auf,
Hart zu trainieren,
Um die Monster zu besiegen.

Wegbegleiter

Dunkle Schwingen tragen.
Hugin und Munin sind Odins Raben.

Die Zähne sind gefletscht
Und kampfbereit.

Geri und Freki ziehen mit dem Allvater
In den Streit.

Acht Beine grasen.
Sleipnir wird Odin tragen.

Die Spitze ist gefährlich.
Gungnir ist für Odin unentbehrlich.

Die heilige Frau steht an seiner Seite.
Frigg ist seine geliebte Begleiterin.

Tugenden

Odins Faust schlug auf den Tisch. Die Arroganz des Riesen gefiel ihm nicht. Odins Tritt traf den Riesen hart. Aber das war nur die gerechte Strafe.

Hohn und Arroganz. Hochmut und falscher Stolz. All das ziemt dem Asenvolk nicht. Denn es gebärdet sich ehrlich.

Er soll gelogen haben, sagen manche alte Texte. Sie meinen den Allvater. Aber es war nur eine List. Denn Odins Aufgabe ist der Schutz der Asenwelt. Dafür opfert er sich.

Odin lehrt durch Mut und List. Odin lebt mit Kraft und Stolz. Odin führt mit Macht und Schläue. Odin schützt die Kinder Midgards.

S.S.

Im Friedwald.
Seine letzte Ruhestätte.
Mögen die Götter ihn tragen.
Die Asen und die Wanen.
Mögen die Heiligen und Weisen
Ihn führen in der Andernwelt.

Ein Familienmitglied ging.
Kein Wiedersehen.
Kein Fest im Einklang mit der Sippe.
Vergangenheit ist,
Was Gegenwart war.
Abschied ist im Hier und Jetzt.
Kein Wiedersehen,
Außer in der Andernwelt.

Mögen Asen und Wanen dich tragen.
Mögen die Weisen und Heiligen dich annehmen und
geleiten zu den jenseitigen Gezeiten.

Der wilde Ritt

Im wilden Ritt zog der große Wode über die Menschenwelt. Er liebte seine nordischen Kinder. Jedes von ihnen war sein Schützling und für jedes von ihnen würde er sein Leben geben, wenn ein Feind sie bedrohte.

Im wilden Ritt zog der Wode durch die Bäume Yggdrasils. Die Blätter grünten. Er sieht vier Hirsche grasen und bei ihnen ruht Nidhöggr. Ratatöskr klettert zwischen den Ästen und spielt sein Spiel. Denn er trägt die Tracht von unten nach oben zum Adler und zum Habicht.

Im wilden Ritt zog der große Wode durch die Riesenwelten. Er trinkt in Schenken Ozeane an Met. Er rauft mit bergengroßen Kerlen und lacht lauter als der Weltanfang.

Im wilden Ritt zog der Wode durch die Welt der Tochter Hel. Bedauern sieht er in den Seelen über die Taten, die sie sich nicht getraut. Also Menschenkind begreife: Hadere nicht und lebe aktiv deinen Schicksalslauf!

Lokis Kinder

Zwei Raben
Fliegen zum Asen.
Zwei Wölfe
Und Hels Hölle.

Die Schlange
Wird lange
Ruhig schlafen
Und dann strafen.

Der Wolf
Soll
Das Heim der Asen
Zerschlagen.

Des Gottes Hammer
Hört das Gejammer
Der Menschen
Und will sie retten.

Wenn Ragnarök beginnt
Weiß jedes Menschenkind
Die letzten Stunden der Asen
Schlagen.

Vertragen

Die Sonne brennt das Nordland nieder.
Wälder brennen und Felder verdorren.

Die Natur rebelliert. Sie verweigert sich
Dem Pfad der Menschenwelt.

Sie haben gekündigt; die Menschen, den Vertrag,
Den sie vor zehntausenden Jahren mit den
Naturgöttern schlossen.

Die Quittung kommt. Der Bruch war hart: erst der
Buchgott, dann noch der gierige Konsum.

Aber Odin wartet und ist bereit das Band neu zu
Knüpfen und reiche Ernten zu bringen, damit die
Kinder des Nordens auch in Zukunft fröhlich singen.

Frigg

Die Menschen kämpften in ihren Herzen mit sich selbst.

Frigg, die Asenmutter, die Frau des Odin; sah die Stürme in den Herzen der Menschen.

Sie, die große Mutter, sandte einen Balsam aus, um die Herzen der Menschen zu besänftigen.

Friggs Balsam war gut erprobt. Auch ihrem Mann hatte sie ihn oft ums Herz gewebt. Denn wie im Herzen der Menschen tobte im Herzen Odins ein wilder Sturm. Kein Wesen in den Welten Yggdrasils wusste diesen Sturm zu besänftigen...

... außer der Mutter der Asen.

Wenn er wandert

Wenn der Wode
Über die Welt schaut,
Dann sieht er dich.

Wenn der Wode
Durch Midgard wandert,
Dann trifft er dich
In tausenderlei Gestalt.

Wenn der Wode
Sein Schweigen bricht,
Dann solltest du lauschen
Und von ihm lernen.

Wenn der Wode
Dir Schutz bietet,
Solltest du dankbar
Seine Fürsorge annehmen.

Wenn der Wode
Zu dir kommt,
Dann erhebt er dich
In den Stand der Helden.

Nordland

Das Land des Nordens brennt.
Oh Sohn des Odin rette uns.

Das Land des Nordens hungert.
Oh Kinder des Odin rettet uns.

Das Land des Nordens dürstet.
Oh Donnergott sende bitte Regen.

Das Land des Nordens zweifelt.
Oh Odin gib uns den Glauben zurück.

Das Land des Nordens faulenzt.
Oh Asen lasst sie ihre Stärke erkennen.

Das Land des Nordens schläft.
Oh Weib des Odin küss uns wach!

Allvaters Pflicht

Der Wode, unser Odin, geehrter Allvater ...

Der Morgen graut.
Es weht der blaue Mantel.

Der Sonnenstrahl sticht
Und der blanke Speer blitzt.

Acht Beine tragen
Den Vater der Asen.

Dunkle Schwingen bringen
Dem Woden Geschichten.

Wild gefletscht
Der Wölfe Gebiss.

Fürchte nicht,
Wenn du ehrbar bist.

Der Wode beschützt
Jedes Menschenkind.

Protagonisten

Thor hämmert.
Hörst du es?

Loki treibt seinen Schabernack.
Lach mit ihm!

Frigg hütet das Haus.
Midgard strahlt warm.

Odin wandert.
Er erwartet dich.

Freya heilt.
Ihre Katzen fliegen.

Tyr kämpft.
Er rettet die Welt.

Heimdallr wacht
Und hält das Horn
In seiner Hand.

Stoppt den Glockenterror!

Auf den Plätzen des ganzen Landes sammelten sich die Kinder der Asen.

Diesen Tag hatten sie sich auserkoren. Jeder in der Welt sollte hören, wie die Asenkinder dröhnen.

Sie entpackten ihre Trommeln. Manche waren groß wie Schlachtrosse, aber sie waren so viel mächtiger als jeder Kreuzritter.

Dann begann der erste Mann zu schlagen. Taram. Taram. Taram.

Mit ihm stimmten die anderen Mannen an. Kilometerweit dröhnte ihr donarisches Gewitter. Jeder Mensch würde es hören!

Die Polizei wollte sie stoppen. Aber es gelang nicht. Denn sie schworen zu trommeln, bis allen Kirchen des Landes das Läuten der Glocken verboten würde.

Kettenglieder

Fern von
Midgards Gestaden
Leben die Asen

Der alte Brauch
Wird heute mehr
Denn je gebraucht

Der Allvater blickt
Vom hohen Sitz
Auf die Menschenkinder

Der Allvater schützt
Mit wachem Geist
Sein Reich

Allvaters Weib
Schenkt ihnen
Viel Liebe

Die Eltern geben
Ihre Traditionen
An ihre Nächsten

Der Asen Kinder
Leben im Einklang
Mit dem Land

Familienbande

Wenn Familienfeste erklingen,
Dann heißt es, mit ihnen zu schwingen.

Es heißt zu singen und zu tanzen
Und manchmal bolzen auf dem Rasen.
So halten es auch die Asen.

Höre die Geschichten richtig,
Sonst ist ihr Wert nichtig.
Thor ist sein Sohn.
Frigg ist sein Weib.
Er kümmert sich,
Indem er Asgard beschützt.

Er ist der Oberste der Sippe.
Er ist der Oberste in
Asgards heiligen Stätten.
Er ist der Allvater.
Seine Kinder sind
Die Kinder Midgards.

Asenwolf

Sein zarter Schatten zog durch meinen Geist.

War es Geri? War es Freki? Ich wusste es nicht, aber
die Vision war real.

Sanft blickte er mich an
Und machte mir doch Angst.

Doch sein Blick beruhigte mich.
Sein Fell war sanft und verhieß den Ort,
Den ich Heimat nennen will.

Ich bat ihn.
Einen Gefallen...
Eine Sehnsucht...
Einen Wunsch...
Beschütze mein
auserwähltes Hundekind!

Neue Äste und Blätter

Aus dem Grund des Nichts
Kamen die Riesen.
Aus den Riesen
Entwickelten sich
Die Asen.

Die Tiere sprießten
Und es entstanden Menschenwesen,
Welche die Asen
Zu geistiger Reife
Führten. Der Lauf läuft.
Der Kreislauf gehäuft
Generiert und magisiert

Die Lebenslichter dichten im Angesicht der höheren
Wesen. Ein Kind beginnt. Ein Menschenkind. Ein
Götterkind. Ein Kind, dass seinen Lauf im Ei einer
Vogelmutter beginnt.

Wandel. Kreislauf. Evolution. Yggdrasil wächst und
sprießt. Züchte im Garten dein Gemüse. Lass deine
Feldarbeit ein Dankesopfer für die Entwicklung der
Welt sein.

Geri und Freki

Du wanderst im dunklen Wald.
Das Geäst knackt.
Dunkle, kalte Nebelschwaden
Hängen um die Baumstämme.

Ein Hauch des Mystischen weht.
Du siehst die Schatten.
Sie waren da die ganze Zeit.
Du kannst nicht sagen,
Wie lange sie schon bei dir sind.

Du siehst den Fetzen Fell.
Du hörst das Knurren,
Aber noch mehr spürst du ihren Hunger.
Du weißt: Es sind Odins Wölfe!

Du bist ein Menschenkind.
Also wieso fürchtest du dich?
Sie wollen dich fressen,
Aber der Wode hält
Seine schützende Hand über dich.
Ihre Zähne mahlen.
Ihnen knurrt der Magen.
Sei froh, dass sein eines Auge
Alles sieht.
Sonst würdest du die Beute
der Beiden werden.

Hammer und Horn

Überall hörten sie das Horn!

Thurisaz ist der spitze Dorn.

Das Horn ist geblasen und der Hammer hat geschlagen. Die Menschen im Norden erwachen zu einem neuen Morgen. Die Zeit der Unterdrückung endet, denn das ist des neuen Äons Wende.

Die Menschen im Norden befreien sich, denn sie begreifen Tyrs Gesetz des gleichen Rechts.

Asische Gefolgschaft

Sie lauschen wieder seinen Worten.

Sie horchen und hören und versuchen zu ergründen,
was ihnen die Asen empfehlen.

Sie folgen wieder seinen Worten.

Sie schließen sich zusammen und laufen wieder den
Tugenden der Asen hinterher.

Sie leben wieder nach seinen Worten.

Sie geben das Normale auf und wandeln ihr Leben
den Asen Wegen entsprechend um.

Sie feiern wieder seine Worte.

Jedes Zeichen der Asen nehmen sie tosend in
Empfang, weil es für sie der Grund zu leben ist.

Sandkörner

Er reiste zur Hel. Niemand sah ihn je wieder...

Lebt eure Leben, aber seht der Wahrheit ins Gesicht:
Ihr seid Sterbliche!

Odin blies das Horn. Die Einherjer rannten und viele
starben.

Du wirst sterben. Begreife die Unausweichlichkeit.
Du wirst sterben!

Lebt mit Ehre. Lebt mit Anstand. Dann habt ihr
nichts zu bereuen, wenn eure Tage grau geworden
sind.

Frontlinien

Das Ross schoss über die Welten.
Es trug den Mann mit grauem Mantel
Und langem Bart.

Acht Beine trugen den Einäugigen.
Sein Mantel wehte im Wind.
Die Riesen sahen ihn und zitterten.

Sein Speer ist die beste Wehr
Gegen alle Weltenfeinde.
Trotzt dem Heer der Riesen!

Sie sind gewaltig und
Sie sind vielgestaltig.
Ihr Heer rasselt mit den Keulen.

Der Reiter ist nicht allein.
Seine Söhne halten die Treue.
Seine Götter ehren ihn.

Das Horn dröhnt laut.
Rasend nimmt alles Fahrt auf.
Die Schlacht tobt.

Wandert mit ihm!

Der alte Wandersmann
Zieht wieder durchs Land.

Sein langer Bart
Ist von nordischer Art.

Mit nur einem Auge
Kann er über Welten schauen.

Seine beiden Raben
Landen und grasen.

Seine Wölfe heulen
Und werden nicht bereuen.

Sein treues Pferd
Ist sein feinster Wert.

Getarnt als Stock
Wartet der Speer.

Wurzeln Yggdrasils

Die Kinder des Nordens glauben
Wieder an den Norden.

Den Kindern des Nordens
War es unter Todesstrafe
Über tausend Jahre verboten
Zu den Göttern des Nordens
Zu beten.

Verwechsel die Kultur
Der Besatzer nicht
Mit der wahren Kultur
Deiner Ahnen.

Lange bevor ihre Jahre begannen;
Lange bevor sie ihr Weihnachten feierten,
Zählten deine Ahnen schon die Zeit,
Feierten deine Ahnen schon die Rauen Nächte.

Die Kinder des Nordens
Dürfen endlich zu ihren Wurzeln
Zurückkehren!

Donar

Blitz und Donner jagen übers Land.
Der Donnergott hat sein Zeichen gesandt.

Blitz und Donner peitschen,
Denn uns soll die Kunde des Donnerers erreichen.

Blitz und Donner bringen Regen.
Er ist der Bauern Segen.

Blitz und Donner entfliehen dem Hammer
Und fangen an, wild am Himmel zu tanzen.

Blitz und Donner fegen
In den Menschenseelen.

Das Ziel!

Es brannte in ihm.
Seit Jahren trainierte er.
Noch Jahrzehnte würde er trainieren,
Wenn es sein müsste.

Er hatte seine Mission.
Er hatte diesen Traum.
Sie hatten ihm, das Schicksal offenbart:
Die Siebenhüglige zu befreien.

Die Asen wachten über ihn
Tief im Asenland.
Würde er lange genug leben,
Um auszuziehen
Und die alte Heidenstadt
Zu befreien?

Nordische Idole

Einfache Menschen finden zum Glauben an die Asen zurück. Hunderte von Jahren geschah das nur im Verborgenen. Heute glauben die Menschen wieder öffentlich an Odin und Thor.

Die Menschen brauchen Hoffnung. Die Kraft der Asen gibt ihren Herzen neuen Mut. Denn sie wollen in den dunklen Stunden nicht mehr versagen. Ihr Leben ist unfair. Harte Schicksalsschläge erlebten sie zu viele. Sie brauchen Mut. Denn zu wissen, dass Odin und sein Sohn sich auch den harten Prüfungen und schweren Feinden stellen müssen, lässt sie aufatmen. Sie wissen, sie kämpfen nicht allein.

Die Menschen im Nordland sehen wieder zum Himmel hoch. Das Vorbild der Asen prägt ihr Leben und gibt ihnen neue Kraft, damit sie nicht versagen und mutig zu ihrem Glück streben.

Wir flehen euch an!!!

Zerrissen ist das Volk des Nordens. Alt kennt nicht mehr jung und jung will nichts mit alt zu tun haben.

Zerrissen ist das Volk des Nordens. Reiche erheben sich arrogant über die Armen und die Armen geben den Reichen die Schuld für alles Elend im Land.

Zerrissen ist das Land des Nordens. Die Geschlechter hassen sich jetzt. Keiner traut einander mehr.

Wo ist der Hammer des Thor, um ein Machtwort zu sprechen?

Wo ist der Speer des Odin, um den Menschen die Richtung vorzugeben?

Wo ist der Herd der Frigg, der das Mahl der Einheit kocht?

Wächter Midgards

Odins Kraft wird überall in Midgard gebraucht.

Du denkst, wir bräuchten nicht der Götter Macht?

Doch diese Welt ist schwach und Gefahren lauern überall.

Odins Augen fliegen mit schwarzen Schwingen.

Odins Pferd fliegt über den sternenklaren Nachthimmel.

Odins Speer wartet, um Unheil von Midgard abzuwenden.

Donarer

Jeden Tag müssen wir aufstehen
Und unser Bestes geben.

Wir brauchen ein Idol!
Wir brauchen ein Idol!
Wir brauchen ein Idol,
Zu dem wir aufsehen
Und dem wir folgen
Können.

Wir brauchen ein Idol,
Dass härter arbeitet
Als wir.

Thor, der Donnergott,
Ruht niemals.
Er steht niemals still.

Sein ganzes Leben
Dient dem Schutz
Der Midgardwesen!

Odinismus

Odins Kraft
Ist die Macht,
Uns aus dem Elend
Ins Glück zu führen.

Odins Härte
Beinhaltet die Stärke,
Alle Gefahren von uns
Abzuwenden.

Odins Weisheit
Bringt die Gleichheit
Für alle Kinder
Des Nordlands.

Odins Herz
Verwandelt allen Schmerz,
Den wir Menschen
In uns tragen.

Odins Mut
Ist das Gut,
Dass uns dazu inspiriert,
Alles zu meistern!

Asentugend

Das Volk des Nordens
Reicht den Völkern
Des Westens, Südens und Ostens
Seine Hände.

Gastfreundschaft!
Gastfreundschaft!
Gastfreundschaft!

Gastfreundschaft ist
Ein asisches Gesetz.
Brich es nicht oder
Odins Strafe
Kommt über dich!

Asjaner

Im Grün der Wiesen.
In den Blättern der Wälder.
In allen Dingen der Natur
Warten Tore, um dich
Mit den Asen zu verbinden.

Im Meer und in den Bergen.
An den heißen Quellen
Und unter den Nordlichtern
Kannst du eins werden
Mit dem Geist der Asen.

In den Wolkenbergen
Und in den Stürmen
Findest du den Wink
Der Asen und kannst
Mit ihnen ein Teil
Asgards werden.

Betet zu ihm!

Seine Muskeln waren groß.
Er trainierte oft
Und war geschickt.
Er war ein Kämpfer.
Er war mutig und stolz.

...und doch kniete
Er jetzt hier und
Betete zu Odin.

Er betete zu seinen Raben,
Seinen Wölfen und
Dem ganzen asischen Volk.

Denn das Schicksal hatte
Ihn hart geschlagen.
Armut war übers Land
Gekommen und Krankheit
Hatte seine Familie
Heimgesucht.

Er betete um die Kraft
Und die odinsche Weisheit
Seine Probleme
Zu meistern!

Familienbande

Über die Familien des Nordlandes halten die Asen
ihre schützenden Hände.

Frigg reicht jeder Mutter die Hand.
Odin wird der Allvater genannt,
Denn er ist der Gott aller Väter.

Er schützt sie.
Er leitet sie.
Er gibt Ihnen die Kraft,
Alles für ihre Kinder
Zu geben.

Familienbande schmiedeten den Norden.
Nährt sie! Stärkt sie!
Vergesst nicht die Wurzel, denn sonst bricht euer
Stamm.

Über die Familien des Nordens halten die Asen ihre
schützenden Hände. Der Allvater schützt die Väter
und Frigg schützt die Mütter. Die Familien des
Nordlandes leben sicher unter den schützenden
Händen der Asen.

Im Tannenwald

Der dunkle Turm glänzt böse.
Schwarze Schwingen kreisen über seinen Spitzen.
Der Neunmüttrige umklammert das Horn.

Das Trampeln der acht Hufe
Lässt das Land erbeben.
Er reitet wieder.
Alle Menschen des Nordens
Werden seine Macht
Erleben.

In seiner Hand, spitz und hart,
Wartet der Speer.
Rot tropfte oft.
Rot fließt das Meer.

Frauen

Odin und Frigg.
Odin und die vielen anderen Frauen.

Er hat so viele Kinder gezeugt.
Einige sind bekannt.
Andere streifen unbekannt
Durchs Nordland.

Odin und seine Frauengeschichten
Füllen Bände an Liebesromanen.
Odin und seine Frauenspiele
Sind besungen in heiligen Liebesballaden.

Der Allvater ist ein Lüsterner.
Lust packte ihn.
Lust entbrannte in ihm.
Lust steuerte ihn.
Lust schuf ihm
Viele Götterkinder.

Anführer

Schenke ihm dein Herz.
Er kann dich führen.
Odin, der weise, alte Gott,
Hat viele Welten durchstreift,
Viel gesehen und viel erlebt.
Er hat große Abenteuer bestanden.

Schenke ihm dein Herz.
Er kann dich führen.

Odin, der tapfere Krieger,
Hat viele Feinde besiegt
Und mit mächtigen Riesen
Gekämpft.

Schenke ihm dein Herz.
Er kann dich führen.
Schenke ihm deinen Glauben.
Er kann dich führen.
Schenke ihm dein Leben,
Denn er kann dich führen.

Hugin und Munin

Odins Raben grasen auf den Feldern. Sieh ihre schwarzen Schwingen glänzen. Fühle die Magie in ihren Federn. Sieh die dunklen Augen und fühle den Sog der Dunkelheit, mit dem sie in deinen Gedanken wühlen.

Odins Raben sind Gedanken und Erinnerungen. Sie bringen dem Allvater Kunde. Sie berichten dem Allvater von allem. was in Midgard geschieht. Keine Tat, kein Wort, nicht einmal die Gedanken des kleinsten Kindes entgehen ihnen.

Hugin und Munin nennen sie Odins Raben im Norden. Gedanke und Gedächtnis heißen sie im Tyskland. Erinnere dich. Denke!

Symbole

Odin ist ein Symbol, dem wir Kinder des Nordens folgen.

Hoch am Himmel ziehen die Wolken. Die Sonne kitzelt die Felder und Wälder. Der Regen nährt das Land und der Mond bringt die nächtliche Kunde.

Odin ist ein Symbol, dem wir Kinder des Nordens folgen.

In den Städten glänzt der Pflasterstein. Die Wolkenkratzer kitzeln den Himmel. Während die Menschenmassen fleißig schuften, donnern die U-Bahn unentwegt über die Schienen.

Odin ist ein Symbol, dem wir Kinder des Nordens folgen.

Liebe

Er liebt sie.
Sie liebt ihn.

Odin liebt Frigg.
Frigg liebt Odin.

Das ganze Nordland tanzt
Wegen ihrer himmlischen Liebe.

Ihre Liebe ist die Kraft,
Die sie uns schenken.

Zärtlich schenkt er ihr sein Herz.
Wärmend hüllt sie es ein.

Äonen an Liebkosungen brennen
Im göttlichen Heim.

Zukunft

Asgards Macht.
Odins Kraft.

Friggs Herd ist es
Wert
Für die Heimat
Stark zu werden.

Sessrumnir.

Freyas Liebe.

Freyrs starke Triebe
Geben den nördlichen Kraft,
Die neue Generation
Zu zeugen.

Große Muttergöttin

Das kleine Kind des Nordens atmet.
Seine Glieder streckt es am Morgen.
Es wird ein Tag unter dem Schutz des Woden.

Die Kinder des Nordens streben
Nach ihren Schicksalswegen.
Die Liebe ihrer Eltern ist ihr Glück.

Frigg, die Mutter wacht.
Über jedes Heim hält sie die Hand
Und schützt das ganze Nordland.

Frigg, die Mutter schützt.
Sie ist der Nördlichen Glück
Bei jedem Schritt,
den sie gehen.

Die Kraft der Sonne

Der erste Sonnenstrahl fliegt übers Nordland. Er kitzelt deine Nase und weckt deine Kraft.

Du kannst weiter schlafen oder trainieren.
Doch willst du ein Kind der Asen sein:
Dann steht die Entscheidung fest!
Denn Willensstärke ist der Weg aller Asen!

So bist du bereits vor dem Sonnenaufgang aufgestanden und trainierst härter als jeder Langschläfer.

Der erste Sonnenstrahl fliegt übers Nordland. Er kitzelt eure Muskeln und stimuliert euren Geist.

Ihr könntet weiter schlafen: Doch für eure Erben und für das ganze Nordland trainiert ihr ultra-hart. Die Kinder von Morgen werden es euch danken.

Unendliche Macht

Odin ist ein Gott.
Seine Macht ist unendlich.
Doch sein Schutz gilt
Auch dem kleinsten Wesen
Midgards.

Er schützt die Armen.
Er schützt die Gebrochenen.
Er schützt die Verwundeten.

Er kümmert sich um die Kinder.
Er kümmert sich um die Felder.
Er kümmert sich um die Zukunft
Des Landes.

Odin ist ein Gott.
Seine Macht ist unendlich.
Doch sein Schutz gilt
Auch dir, damit du glücklich,
Frei und sicher lebst.

O'Heim

Odins Söhne.
Odins Töchter.
Odins Geschöpfe.
Odins Welt.

Du kannst ein Teil
Von Odins Kosmos sein!
Verdiene dir deinen Platz.
Arbeite hart.

Du kannst ein Teil
Von Asgards Palast sein.
Verdiene dir deinen Platz.
Arbeite hart.

Odins Welt.
Odins Heim.
Kann dein
Für immer sein!

Odins Odem

Der Odem des Odin
Ist die Weisheit in
Den Bäumen und
Den Augen der Tiere.

Sein Atemzug ist die Kraft
Im Zug der Lachse
Und die Anmut in allen
Wölfen und Bären.

Er haucht aus
Und der Wind bläst
Klarheit übers Land
Des Nordens.

Wenn er bläst,
Fegt über die Wiesen,
Felder und Wälder
Ein magischer Wind.

Er

Seine Löwenkraft.

Die Macht, mit der er das Horn bläst am letzten Tag.

Sein Speer.

Er ist die Wehr gegen alle Riesen, die unsere Welt verschlingen wollen.

Seine Begleiter sind Wölfe und Raben.

Stolz trabt das Ross und trägt ihn in jede Schlacht.

Erschaffender Allvater.

Seine Kinder sind Walküren und Helden, deren Legenden sich die Menschen erzählen.

Winterschlaf

Ein Volk erwacht aus dem Winterschlaf.
Das Kreuz hatte es gebannt
Und mit einem Fluch bestraft.
Aber jetzt ist das neue Äon da
Und das Nordvolk erwacht.

Sie recken und strecken sich.
Sie wachsen und reifen.
Wie die Früchte der Bäume.
Wie die jungen Wölfe.
Sie sprudeln wie Vulkane.
Mit der Kraft von Stürmen
Entwickeln sie sich zu
Mächtigen Stämmen.

Das Volk erwacht aus dem Winterschlaf.
Tausend Jahre war es gefangen.
Sie lebten als Kreuzessklaven.
Eine neue Zeit fängt an und
Das Nordvolk erwacht mit der Kraft,
Die Welt zu befreien.

Über allem wacht Odin
Und lächelt dabei.

Gebete

Ich bete zu euch meinen Göttern.
Ich bete zu euch um ihr Leben.
Könnt ihr die Krankheit von ihr nehmen?

Ich bete zu euch meine Göttinnen.
Ich bete für den Schutz der Kleinen
Und um genug Nahrung und Geld.

Ich bete zu dir meine Göttin.
Ich bete, du mögest mich führen
Zu den offenen Türen,
Die nach oben führen.

Ich bete zu euch höhere Wesen
Für ein sicheres Leben aller Wesen
Auf diesem Planeten!

Harte Schicksalsschläge

Der Krebs frisst die Menschen im Norden. Er ist
eine Seuche und schüttelt das Land.

Können die Götter uns Heilung besorgen?
Reichen sie uns die Hand?

Wir sind ein Volk aus Familien und Liebe ist das
Band, dass uns verbindet.
Wir sind ein Volk der Herzen und geschmiedet für
den schwersten Sturm.

Der Gott im fernen Hort möge kommen.
Die Göttin am Herd möge erscheinen.
Wir bitten nur um Weisheit, um unsere Krankheiten
zu heilen. Wir bitten auch um Heilung, um so lange
wie möglich mit unseren Liebsten zu verweilen. Wir
bitten um viel, dass wissen wir, aber unsere Liebe
lässt uns keine Wahl, denn ein Verlust unserer
Liebsten wäre zu hart für unsere kleinen Herzen und
die Schmerzen, ohne sie weiterzugehen auf
Midgards Wegen.

Der Allvater

Allvater;
Wird er im Norden genannt.
Er ist der Vater
Und hält seine schützende Hand
Über das Land.

Allvater
Ist Odins Name,
Denn sein Wirken war der Same
Für die Kultur des Nordens.

Allvater kehrt zurück.
Tausend Jahre haben fremde Herren
Uns mit Gewalt verboten,
Seinen Namen zu ehren.

Wir dürfen uns kein zweites Mal
Das Recht nehmen
Lassen, Allvaters Namen
zu ehren!

Die Höheren

Odins Haus
Ist auf Ehre gebaut.

Friggs Herd brennt
Mit dem Feuer der Leidenschaft.

Thors Hammer schlägt,
Damit er Gerechtigkeit prägt.

Loki lacht,
Damit ihr Spaß habt.

Freya und Freyr regieren,
Um euch zu inspirieren.

Heimdallr öffnet die Tore
Zum Klang der Folklore.

Die Asen laben
Sich an euren
Tugendhaften Gaben.

Odins Wege

Odin.
Erkenne ihn.

Odin.
Geh mit ihm.

Odin.
Lach an seiner statt.

Odins
Macht schafft.

Odin
Schützt die Kinder.

Odins
Kraft erwacht.

Odin
Wandert durch Midgard.

Odin
Streichelt seinen Bart.

Rettet die Welt!

Wieder ziehen Hunger, Armut und Krieg
Durch Midgard.
Wieder geschah es,
Weil die Kinder Midgards
Statt nach den Werten der Asen,
Die Mut, Disziplin und Weisheit sind,
Nach schwachen Werten
Des Müßiggangs und der Faulheit
Lebten!

Wacht auf Kinder der Erde!
Wacht auf Menschen Midgards!
Die Tugenden der Asen
Werden euch ins Goldene Äon führen!
Also lasst den Schmutz und die Schwäche
Falscher Werte endgültig zurück!

Wacht auf Kinder der Erde!
Wacht auf Menschen Midgards!
Macht die Asen zu eurem Vorbild
Und strebt ihnen nach,
Indem ihr ihre Tugenden lebt!

Odins Familien

Odins Söhne
Sind die Männer
Unter der Sonne.

Odins Töchter
Sind die Sterne
Der Welt.

Odins Kinder tanzen
In den Reigen
Und im Rhythmus
Archaischer Trommeln.

Sein Name erklingt
In den Familien der Menschen
Und zaubert die Kraft
In unsere Herzen,
Um allen Verdruss,
Alle Schmerzen
Und alle Not
Mit Leichtigkeit
Zu überstehen.

Odins Gefolgschaft

Odins Welt gilt
Bis ins Menschenreich.
Denn jedes Kind,
Dass sich zu ihm bekennt,
Ist Teil seiner Welt.

Odins Schutz
Gilt seinen Jüngern.
Wer im Leben den Weg
Der Asen wählt,
Dem gilt Odins Schutz
Als garantiert.

Odin reicht seine Hand
Jedem Mann und jeder Frau,
Die ein Asatru wird.
Denn jedes Erdenkind,
Dass den Weg
Mit Odin geht,
Wird von ihm beschützt
Und unterstützt.

Goldenes Zeitalter

Die Familien des Nordens,
Geschützt von Stämmen und Horden,
Danken den Höheren
Für die Gunst der Stunde.

Die Kinder der Asen
Wollen nicht länger warten.
In Thor und Odins Namen
Wollen sie das Abenteuer wagen.

Die Lehre der Wanen
Ist schwer zu erlangen.
Reiche Früchte sind ihr Los
Und der warme Mutterschoß.

Die Welt hält gebannt
Ihren Atem an: Asgard erwacht
Mit neuer Macht
Und wird die Menschheit
In ein goldenes Zeitalter
Führen!

Alle Menschen

Odins Faust haut drauf,
Wenn Kinder des Nordens
Die Ehre verletzen und
Gegen fremde Menschen hetzen
Und Frauen verhauen.

Ehre ist der Asen Leben.
Ehre unterdrückt keine Schwarzen,
Frauen oder Menschen
Mit Behinderung.

Die Kreuzeskinder haben
Den weißen Rassismus erfunden.
Wieso sollten Heiden
Diesem Schwachsinn folgen?

Odin hat geschworen
Alle Menschen Midgards zu ehren.
Odin hat geschworen
Alle Menschen Midgards zu beschützen.
Alle Menschen genießen Odins Schutz.
Alle Menschen!

zweisamen

Enthemmte Lust.
Kinder werden gezeugt.

Gelebte Lust
Mit Freya im Herzen.

Verführender Gott.
Odin ist legendär.

Holde Maid,
Der Wode ist nicht weit.

Spirituelle Lust
Bis zum Erguss.

Die Asen und Wanen
Zeugen Generationen.

Gefühlte Lust.
Höhepunkt der Welt.

Verlass die falsche Welt!

Lass die ordinäre Welt zurück!
Scheiß auf den Stress
Ihrer Bürgerlichkeit.
Das Heidland ruft dich.

Schon lange vor den Tagen
Der bürgerlichen Leute
War das Heidland
Unsere Heimat.

Lass ihre Welt zurück!
Jeden Tag schaust du
In dein Spiegelbild
Und Unglück schaut zurück.

Lass ihre Welt los!
Du gehörst ihr nicht. Du bist frei.
Die Götter warten auf dich.
Es ist dein Schicksalslos.
Odin ruft deinen Namen!

Göttliche Gemeinschaft

Über den Welten Yggdrasils
Zieht ein Ross dahin.
Wer ist der Reiter
Und wer ist sein Speer?

Zum Schutz der Menschen
Ist er spitz,
Zum Schutz der Kinder
Sein Verstand gewitzt.

Über die Welten Yggdrasils
Musst du schauen.
Asen und Wanen wachen.
Lerne ihnen zu vertrauen.

Zum Wohl für dich und mich
Wirken die Asen.
Zum Wohl für unsere Kinder
Wirken die Wanen.

Wir sind nicht allein
Und werden es niemals sein.
Menschen Midgards erkennt
Unsere Götterfamilien!

Odianer

Odin schau'n
Im Weltenbaum.

Mit Odin
Sich erheben
Zum höchsten Streben.

Odins Traum
Von einem sicheren Midgard
Aufbau'n.

Odin dienen
Durch tatkräftiges Streben!

Mit Odin leben
Und die Knoten weben
Für den Stoff,
Aus dem Legenden sind.

Gemeinsam

Das Land stürmt
Und die Riesen
Werden sich auftürmen.

Das Land bebt
Und die Weltenschlange
Droht, sich zu erheben.

Das Land darbt
Und die Kraft
Des Fenriswolfs erwacht.

Wenn diese Zeiten sind,
Dann muss jedes Nordlandkind
Mutig und tapfer sein
Und dem Feind
Die Stirn bieten.

Der Norden lässt
Sich nicht unterkriegen!

Herrin

Frigg, die Mutter
Und Herrin des Hauses.

Unterschätzt
Ihre Macht nicht!

Wer außer ihr
Hat Macht über den Woden?

Sie hält sein Herz.
Ihr gilt seine
Höchste Liebe.

Macht erwächst
Aus Abhängigkeit.

Die Macht ist ihre!
Denn all seine Macht
Wird die ihre sein,
Wann immer sie
Danach schreit.

Sein Ruf ertönt

Er ruft euch.
Fragt nicht wer!
Ihr kennt seinen Namen.
Ihr wisst, wer er ist
Und ihr wisst,
Was er von euch
Will!

Er will euren Mut,
Eure Ehre, eure Tatkraft
Und all euren Verstand.

Er will, dass ihr Midgard beschützt.
Er will, dass ihr Midgard aufbaut.
Er will, dass ihr Midgard für immer
Von aller Knechtschaft
Befreit!

Das Volk des Wanderers

Das Land gefroren,
Aber die Herzen glühen.

Der Sturm fegt übers Land,
Aber ruhig ruht das Kriegerherz,
Denn es ist tapfer und erfahren.

Der Einäugige umklammert seinen Stock,
Während der Wind wild bläst.
Regen prasselt und wird zu Hagel.
Er lächelt unter der Kapuze.
Der Wüterich hat gesiegt.

Der Glaube seines Volkes
Erwacht erneut.
Sie werden ihm folgen
Und seinen Traum erfüllen.

Seine Gefolgschaft
Ist das Leben seiner Tugenden:
Mut, Ehre, Weisheit
Und Treue zu Volk
Und Familie.

Odins Zelt

Kinder Odins
Streifen durch die Welt.

Odins Volk
Dient der Held.

Odins Menschen
Kämpfen nicht für Geld.

Bei Odins Kriegern
Ist es die Ehre, die zählt.

Odins Frauen
Jedem Mann gefallen.

Odins Sohn
Ist mit Donner gestählt.

Odin hat
Dich erwählt!

Der Suchende

Der Einäugige.
Der ewige Wanderer
Stiefelt durchs Schneeland.

Hoch im Norden
Kennen sie seine Legende.
Sie kennen seinen Ruf
Und wissen um die Geheimnisse,
Die in seinen Mantel
Versteckt sind.

Der Einäugige.
Der weise Wanderer
Sucht dich!

Er sucht die Helden
Und Walküren von morgen.
Denn sie sind die Säulen Midgards.
Sie werden die Welt von morgen
Aufbauen und schützen.

In Odins Namen

Freier Norden.
Freie Menschen. Freie Hirsche.
Freie Wölfe. Freie Bäume.

Der Norden ist fast frei.
Aber er war es für
Tausend Jahre nicht.
Hört auf so zu tun,
Als wäre das nicht
Bewiesen.
Hört auf unseren
Unterdrückern und Besatzern,
Die Hände zu küssen!

In Odins Namen
Kämpft für die Freiheit
Jedes Nordmenschen.
In Odins Namen
Kämpft für die Freiheit
Aller Menschen!

Geri und Frekis Zähne

Odin war erwählt vom Volk.
Der Buchgott wurd uns aufgezwungen.

Odin forderte Knechtschaft nicht.
Die Buchpriester haben uns unterdrückt.

Odin liebt die freien Männer.
Der Buchgott gab uns Fesseln.

Odin ehrt die starke Frau.
Das Buch verbietet ihren Mund.

Odins Walküren frei beweisen,
Was Buchfrauen beweinen.

Odins Kinder kämpfen frei
Für ihre wahre Heimat.

Odins Land soll wieder frei sein
Und nicht geknechtet von Pfaffenhänden.

Odins Ehre hat Wert.
Odin wird freiwillig verehrt.

Viele Gottsöhne. Nie mehr Knechtschaft!

Wenn Odins Fahnen wehen,
Wird das Volk sich erheben.
Vom Buchgott erpresst,
Unterdrückt und ausgebeutet
Für tausend Jahr.

Wenn Odins Ruf ertönt,
Wird das Volk jubeln.
Anführer ohne Führer zu sein.
Allvater ohne Beherrscher zu sein.
Gott ohne Dogmen.

Freiheit! Freiheit! Freiheit!
Ist der Wunsch des Nordens.
Einklang! Einklang! Einklang!
Mit der heiligen Natur.

Mutter Erde zeugte den Gottessohn.
Viele Gottsöhne zeugte Odin.
Sie sind mächtiger als wir.
Doch ein wahrer Gott
Unterwirft niemals
Und fordert keinen blinden Glauben,
Der in Knechtschaft und Armut führt.

Nordheld

Wenn du den Norden retten willst,
Dann sprenge die Ketten!

Seit Jahrhunderten herrschen
Falsche Herren über uns
Und diktieren.

Willst du den Norden retten,
Dann musst du ihn befreien.
Über ein Jahrtausend lang
Wurde der Glaube an die Asengötter
Von den falschen Herrn verboten.

Willst du den Norden retten,
Dann trotze dem schlechten Wetter
Und kämpfe für unser freies Recht
Zu lieben und zu glauben,
Wie unser Herz es will
Und nicht wie die falschen Herrscher
Denken.

Rette den Norden vor Sorgen
Und löse alle Not.
Rette den Norden und sprenge
Die Ketten der Besatzer:
Zerstöre ihre Buchburg!

Midgards Helden

Lass dich auf seine Führung ein. Er ist der Allvater und führt die stärksten Götter. Auch für dich ist er da und zeigt dir den Weg, wie du ein Held wirst.

Du bist längst ein Held und doch weißt du es nicht. Du bist stark und angefüllt mit Kampfeskraft. Doch du zweifelst noch an dir und an der Macht, die dir der Wode gab. Begrabe deinen Zweifel und werde ein Teil von Odins Tross. Midgard braucht dich. Midgard will. Midgard glaubt an deinen Heldenmut.

Odin reicht dir die Hand. Odin lehrt dich die Tugenden des Mutes, der Kampfeskraft und der siegreichen Weisheit. Höre, wie er hing am Baum. Höre, wie er sein Auge gab und fast sein Leben. Höre, wie die Nornen ihn sehen ließen. Höre, wie er den Weg Midgards erkannte. Er sah auch dich und deshalb ruft er nach dir und dem Heldenmut, der in dir wartend ruht!

Willenskraft

Wir sind die Kinder
Des Nordens.

Wir sind die Erben
Unserer Ahnen.

Wir werden die Fackel
Weitertragen.

Wir sehen hoch
Zu den Asen.

Wir sind das Volk
Mit dem Willen,
Alles für das Land
Zu tun.

Wir sind die Menschen,
Die gegen Unrecht
Kämpfen.

Bei Tyr und Frigg.
Bei Odin und Thor.
Wir halten durch!

Seine Werte

Odins Name
Steht für etwas.

Odin steht
Für Werte.

Mut. Kraft.
Und Weisheit.

Odin meisterte
Schwere Prüfungen.

Odin führte
Seine Asen.
Mit Mut. Mit Kraft.
Und mit Weisheit.

Erlange Mut wie Odin.
Erlange Kraft wie Odin.
Erlange Weisheit wie Odin.
Bitte die Nornen um Rat!

Dem Sturm trotzend

Hartes Brot.
Teurer Strom.
Der Winter kommt
Und der Norden ächzt.

Das Jahr war hart
Und das Ende wird härter.
Hoffnung könnte schwinden,
Aber der Mut trägt voran.

Jetzt ist die Stunde
In der die Asen-Tugenden
Uns vorwärts führen.
Jetzt sind die Tage,
An denen wir beweisen,
Wie sehr wir Odin
Vertrauen!

Denn er ist unser Vorbild.
Er ist unser Leitstern.
Er ist das Symbol
Unseres Mutes und
Unserer Angstlosigkeit.

Lasst uns zusammenstehen
Für ein sicheres nordisches Leben!

Über den Autor:

Niemand,
Niemals,
Nirgendwo,
Aber im Einklang mit den Höheren
und geehrt von den Ahnen.